Serie Autoayuda y Desarrollo Personal – Libro 2

Cómo Desarrollar una Personalidad Dinámica

Descubre cómo lograr
un cambio positivo en ti mismo
para asegurarte el éxito

Josué Rodríguez

Copyright © 2015 Josué Rodríguez

Copyright © 2015 Editorial Imagen.
Córdoba, Argentina

Editorialimagen.com
All rights reserved.

Edición Corregida y Revisada, Julio 2015

Todos los derechos reservados. Ninguna parte de este libro puede ser reproducida por cualquier medio (incluido electrónico, mecánico u otro, como ser fotocopia, grabación o cualquier sistema de almacenamiento o reproducción de información) sin el permiso escrito del autor, a excepción de porciones breves citadas con fines de revisión.

CATEGORÍA: Autoayuda/Superación Personal

Impreso en los Estados Unidos de América

ISBN-13:
ISBN-10:

ÍNDICE

PREFACIO 1
1 CÓMO CONOCERTE A TI MISMO MEJOR QUE AHORA . 5
2 CÓMO DESCUBRIR TU PERSONALIDAD 9
    CONÓCETE A TI MISMO 10
    CADA PERSONA ES ÚNICA Y ESPECIAL 14
    SUPERVISANDO TUS CARACTERÍSTICAS 14
3 CÓMO LA LEY DE ATRACCIÓN AYUDA AL DESARROLLO PERSONAL 17
4 ¿TIENES UNA ACTITUD POSITIVA? HAZ LA PRUEBA 23
5 EL ÉXITO DE TU NEGOCIO DEPENDE DE TU ACTITUD POSITIVA 27
6 DESARROLLA LA PERSONALIDAD IDEAL PARA EL ÉXITO EN LOS NEGOCIOS 35
7 MANTENIENDO UNA ACTITUD POSITIVA 39
    MANTÉN UNA ACTITUD POSITIVA DURANTE LOS TIEMPOS DIFÍCILES 43
8 LO QUE NECESITAS PARA ESTAR EN LA CIMA 49
9 CARACTERÍSTICAS DE UNA PERSONALIDAD DINÁMICA 53
10 APRENDE A ENFRENTAR LAS CRÍTICAS 59
    AQUELLOS QUE REALMENTE CREEN EN TI Y QUIEREN AYUDARTE 60
    AQUELLOS QUE NO RESPONDEN A TUS INTERESES EN ESENCIA 60
11 DIFERENTES ESTILOS DE PERSONALIDAD ENTRE

GERENTES Y LÍDERES 63
12 ¿TIENES UNA PERSONALIDAD COMO PARA INNOVAR? 69
13 REALIZA UNA REVISIÓN DIARIA DE TU ACTITUD . 73
Ira 74
El Sabelotodo 74
Rechazo a la Responsabilidad 75
La influencia en los demás 76
CÓMO DESHACERSE DE LA TIMIDEZ 79
Aventúrate 80
Desarrolla el lenguaje corporal correcto 81
Dale una oportunidad a esas clases de desarrollo personal . 81
Sigue intentando 82
MÁS LIBROS DE INTERÉS 85

Prefacio

Me decidí a escribir este libro porque diariamente veo a personas que intentan progresar en sus vidas, en diferentes aspectos: negocios, familia, relaciones amorosas, finanzas, etc., pero veo que les falta una aptitud muy necesaria para poder triunfar: el desarrollo de su personalidad.

Me gusta una definición que encontré en el Internet al investigar sobre este tema:

"La personalidad es el conjunto dinámico de características o patrones individuales que definen a una persona, es decir, los pensamientos, sentimientos, actitudes y hábitos ligados al comportamiento de cada individuo, que de manera muy particular, hacen que las personas sean diferentes a las demás."

El modo en que cada individuo actúa sobre situaciones diversas nos dice mucho sobre la personalidad de cada persona, en otras palabras, la personalidad es el modo habitual por el cual cada ser piensa, habla, siente y lleva a cabo alguna acción para satisfacer sus necesidades en su medio físico y social.

Al nacer, cada persona ya tiene su propia personalidad, y esto puede comprobarse fácilmente, ya que desde bebés los padres dicen de ellos cosas como: "el niño es muy cariñoso, o es muy callado, inquieto, etc." Esto nos hace ver que ya desde muy temprano tenemos personalidad. Aunque vale la aclaración, no nacemos con una determinada personalidad, sino que llegamos a este mundo con ciertas características propias, que con el paso del tiempo y de acuerdo a otros factores importantes, se convertirá en definitiva.

Esta personalidad se irá moldeando y estructurando a medida que pasen los años, ya sea por la influencia de otras personas en la niñez (padres, maestros, amigos, familiares, etc.) o por vivencias personales de las cuales tomaremos decisiones al respecto. De esta manera, aunque no estemos conscientes de esto, copiaremos la personalidad de las figuras mencionadas anteriormente.

La personalidad es un elemento fundamental para el desarrollo de muchas habilidades del individuo y esencial en la integración con grupos sociales.

Muchas veces me he cruzado con individuos que sienten que no tienen personalidad, y esto es porque todavía no se han descubierto a sí mismos. Para decirlo de otra manera: Estas personas no se conocen interiormente. Por esta misma razón es que algunas personas a través de la historia han desarrollado varios métodos, ya sea para saber cuál es la personalidad de determinado individuo, o bien para mejorar algunos aspectos que la realcen.

Esto nos lleva a la siguiente pregunta: ¿Es posible mejorar toda nuestra personalidad?

Creo firmemente que la respuesta es sí, ya que definitivamente es posible cambiar o modificar lo que pensamos, decimos, sentimos, y hacemos.

¿Cómo desarrollar nuestra personalidad? Ésta y otras preguntas las veremos más detalladamente a lo largo de este libro, que ha sido escrito con tips y consejos prácticos que puedes incorporar a tu vida diaria inmediatamente.

En este libro aprenderás los secretos de las personas altamente efectivas en su negocio y cómo desarrollar una actitud positiva para tu vida familiar y tu profesión, cualquiera que ésta sea.

Mi sincero deseo es que esta lectura pueda ayudarte a ti como persona y que también pueda ayudarte a conseguir aquellas metas que te has propuesto alcanzar.

1
Cómo conocerte a ti mismo mejor que ahora

"El punto de partida para tu nueva vida llega cuando te das cuenta de que puedes aprender cualquier cosa que necesitas para lograr las metas que te has fijado. Esto significa que no hay límites en lo que puedes ser, tener o hacer." Brian Tracy

Conocemos personas nuevas todos los días, por trabajo u otras causas. Sin importar si interactuamos con ellas o no, desarrollamos gustos y aversiones instintivas hacia las personas. Esto tiene mucho que ver con la personalidad de cada uno.

Sin embargo, pensar que tu personalidad está conformada únicamente por la manera en la que te ves sería anormal. Tus ideas, la manera en la que piensas, tus prioridades en la vida y tus emociones forman, todas ellas, parte de tu personalidad. Necesitas entenderte y aceptarte a ti mismo tal cual eres si quieres ser feliz.

Jim Rohn dijo una vez: "Podemos obtener más de lo que ya tenemos porque nos podemos convertir en más de lo que ya somos."

Puedes completar un cuestionario de personalidad para que te ayude a descifrar qué tipo de personalidad tienes. Un número considerable de estos cuestionarios y tests de personalidad están disponibles en línea y en distintos libros. Pero piensa acerca de cuánto te conoces a ti mismo. ¿Cuáles son las cosas que consideras importantes?

Deja las expectativas sociales y familiares a un lado por un minuto, y piensa acerca de lo que realmente quieres hacer: ¿qué te haría feliz? Conocerte bien a ti mismo es importante y te será de gran ayuda en muchas situaciones.

Cuando estés buscando trabajo, por ejemplo, sería ideal no atascarse con algo que no quieres hacer. Conocerte a ti mismo te ayudará también a aceptar a otras personas como son. Te ayudará a desarrollar una mente abierta.

Con respecto a esto, Steve Jobs dijo lo siguiente: "Tienes que confiar en algo, tu instinto, tu destino, tu vida, tu karma, lo que sea. Esta perspectiva nunca me ha decepcionado, y ha hecho la diferencia en mi vida."

De una u otra manera, lo fundamental es hacer cosas que sean importantes para ti y que te hagan feliz. Si eres una persona introvertida, deberías usar tu tiempo libre para ti mismo frecuentemente. Si te incomoda compartir tus pensamientos más profundos con otras personas, puedes también mantener un diario íntimo. No dudes en guiarte por tus ideales.

Esto es importante para que seas feliz. Será bueno para ti desarrollar un pasatiempo constructivo. Si eres una persona introvertida, no cedas ante la presión que genera la gente de tu entorno, pasando tiempo con otras personas compulsivamente. Aprende cómo decir que no. Pon límites alrededor tuyo y de tu espacio cuando lo necesites.

Hay muchas actividades y eventos sociales que solamente nos hacen perder tiempo y en vez de acercarte a tu sueño te desvían y te alejan de él.

Las personas extrovertidas, por otra parte, deberían involucrarse en actividades grupales, como por ejemplo ir al teatro. Aprende cosas nuevas tanto como te sea posible. No dudes en experimentar. Mantente en contacto frecuente con tus amigos y familiares.

Si tienes amigos introvertidos, aprende a aceptarlos como son.

En tus años de crecimiento, muchas de las cosas que suceden alrededor tuyo son las que moldean tu personalidad. Algunos expertos también creen que muchos factores genéticos intervienen en convertirte en quien eres. Pero lo importante es aceptarte a ti mismo tal como eres.

Sin embargo, si hay algunas cosas acerca de ti mismo que no te gustan, puedes tratar de hacer pequeñas modificaciones. De esto y mucho más aprenderemos en el próximo capítulo.

"Las personas exitosas en la vida piensan constantemente en términos de: yo puedo, yo haré, yo soy. Los perdedores concentran sus pensamientos en lo que ellos no pueden hacer, en lo que ellos hubieran querido hacer o en lo que deberían haber hecho."
Denis Waitley

2
Cómo descubrir tu personalidad

"La gente siempre está culpando a sus circunstancias por lo que son. Yo no creo en las circunstancias. Las personas que triunfan en este mundo son las personas que se levantan y buscan las circunstancias que quieren, y si no las encuentran, las crean."
George Bernard Shaw

Uno de los aspectos más característicos del mundo moderno es el modo en el que te ves y te conduces. La gente está muy inclinada a lucir como las conocidísimas estrellas de cine, las despampanantes modelos de pasarela o cualquier persona de moda que admiren.

Estas personalidades famosas están consideradas como las que determinan las pautas de la moda y la belleza.

Pero necesitamos tener siempre en mente que la belleza no se trata únicamente de vestir adecuadamente o verse a la moda.

El factor más importante que estiliza la belleza es tu personalidad. Últimamente, rara vez tomamos en cuenta este factor. En cuanto tu personalidad esté refinada, vas a haber conseguido la belleza eterna.

Investigaciones han revelado que los hombres muchas veces prefieren a personas que tal vez no luzcan muy bien pero que son dulces, interactivas y de confianza. Esto demuestra que las mujeres que no son consideradas bellas de acuerdo a los estándares convencionales, pero que sin embargo muestran personalidades sobresalientes, atraen mucho la atención.

Esto no es un conflicto entre personalidad y buena apariencia. Si permites que estos dos aspectos maduren simultáneamente, notarás que tu personalidad acentúa tu buena apariencia y viceversa.

Conócete a ti mismo

Lo que necesitas hacer primordialmente es entenderte a ti mismo. Es esencial que comprendas tu personalidad para refinarla, y que como consecuencia, mejore tu belleza física. Deja que el proceso sea lento y gradual. Séneca dijo: "Lo que piensas de ti mismo es mucho más importante que lo que otros piensan de ti."

Busca hacer las cosas y vivir con optimismo. Cuando tengas un mal día recuerda que luego de la tormenta viene la calma. La aflicción no es eterna, siempre habrá un día mejor. No es la circunstancia que estás viviendo lo que te pone mal, sino cómo vives esa circunstancia. Tener una buena actitud en la vida ayuda muchísimo para conocernos como realmente somos.

Dedica pequeños momentos solitarios a pensar qué es lo que quieres de cierta situación y cómo deseas conseguirlo. Escribe tus pensamientos. Te ayudará a tener más claro quién eres y adónde vas.

Otra cosa importante es trabajar con tus emociones. Debes ser consciente de cuáles son y en qué momento emergen. Si conoces tus emociones podrás controlar las que te hacen daño, apaciguarlas y no dejarlas que exploten.

Emociones violentas tales como la agresividad, la ira, etc. generan malestar en los que te rodean.

Si en cambio, eres de los que se guardan todo, de aquellos que no expresan su malestar y se retraen hacia adentro, esto te provocará una angustia interna que tarde o temprano explotará negativamente, afectándote no solamente a ti sino también a tu entorno más cercano.

Si llegas a conocerte bien emocionalmente sabrás cuál es tu punto débil, y de esta forma podrás trabajar para mejorar en esa área. No puedes cambiar lo que no conoces, así que trabaja en tus áreas fuertes para fortalecerlas, pero también ocúpate de tus áreas débiles, para cambiar y optimizarlas.

Como lo mencioné en otro de mis libros, "El secreto de los Nuevos Ricos": "Para que puedas identificar claramente tus fortalezas, debes conocer tus talentos naturales, aquellos con los cuales has nacido.

La mayoría de las personas se concentran en sus debilidades, en lo que no saben hacer y en lo que hacen mal, lo que produce que nunca se den cuenta de sus fortalezas. Los nuevos ricos, en cambio, están siempre refinando sus fortalezas desde edad temprana y desatendiendo sus áreas débiles.

El propósito de que conozcas tus fortalezas es que pases tiempo en actividades que aprovechen tus fortalezas para que puedas sacar lo mejor de ellas.

La gran mayoría de las personas nunca se toman el tiempo para realmente encontrar su propósito en esta vida. Esto significa que simplemente se unirán a alguien más si les dan la oportunidad. Si puedes lograr que tu pasión se convierta en una causa que atraiga personas apasionadas que tomen ese propósito como suyo, lograrás un éxito impresionante, y eso no es algo que puedas comprar."

Con el fin de conocerte mucho más profundamente primero debes examinar qué tipo de preguntas te estás haciendo diariamente. Muchas personas hacen este tipo de preguntas casi inconscientemente todos los días, preguntas negativas tales como: "¿Por qué todo me sale mal?", o "¿Qué es lo que está funcionando mal conmigo?" Hacerse este tipo de preguntas negativas no contribuirá en nada para desarrollar tu personalidad. Lo único que hace este tipo de preguntas es llenar tu mente de las cosas que te parecen que son tus deficiencias.

Cambiar es muy difícil, lleva su tiempo y también dedicación y esfuerzo, pero a la larga la recompensa será tan gratificante que te alegrarás de haberlo hecho.

Lamentablemente me he encontrado con gente que dicen que son así, que están bien como están y que no van a cambiar. Esta actitud solamente hace que no experimenten la plenitud de la vida que Dios les ha regalado. La verdad es que todos podemos cambiar, aunque, como dijimos antes, lleva esfuerzo y dedicación, y lo más fácil es seguir como estoy. El célebre pintor Vincent Van Gogh dijo en una ocasión: "¿Qué sería de la vida si no tuviéramos el valor de intentar algo?"

Creo firmemente que es mucho más saludable para

nosotros y para nuestro entorno social intentar mejorar poco a poco y de esta manera estar preparados para enfrentar el siguiente problema con todas las virtudes y actitudes positivas que hemos desarrollado hasta el día de hoy.

"La pregunta más importante para hacer en el trabajo no es: ¿Qué estoy ganando? Creo que la pregunta más importante es: ¿En qué me estoy convirtiendo?" - Jim Rohn

Cada persona es única y especial

Una persona siempre puede considerar el carácter y la actitud de otra persona como negativos. Frecuentemente, la gente considera que las personas hiperactivas o inusualmente tranquilas están locas o son raras. Esta noción es algo relativa; todos aparentan ser un poco extraños para otra persona. Siempre puedes usar tu actitud para mejorarte a ti mismo.

Supervisando tus características

Clasifica tus virtudes pero también tus vicios. Sé una buena persona y deshazte de tus puntos negativos. Concéntrate en tus virtudes. Si deseas convertir tu personalidad en un instrumento para ser más atractivo, entonces centra tu atención en tus virtudes y deja que ellas sean el centro de atención.

Un ejercicio que puede ayudarte bastante es el de hacer un listado con todas tus virtudes y repetirlas día a día, de esta manera estarás internalizando esas cualidades para practicarlas más a menudo y canalizarlas mejor. Esto también funciona si has creado una lista de tus vicios o actitudes negativas. Reemplázalas por la actitud que deseas tener y anota esa virtud. Repítela todos los días y poco a poco verás que esa mala actitud o reacción negativa que tenías se irá convirtiendo en la actitud positiva que anotaste antes y que ahora repites todos los días.

Cada persona es especial y única en su propio modo. ¡Así que deja que lo bueno de ti brille en frente de los demás!

La personalidad es un factor esencial del ser de una persona. Mediante el perfeccionamiento de tu personalidad te será posible descubrir la belleza que yace dentro de ti.

La personalidad no está separada de tu belleza externa. Es sólo una manifestación externa de tu esplendor interior. Es importante que le hagas entender a las personas que la belleza no se trata únicamente de verse bien.

¡Una personalidad impresionante es igual de importante!

3

Cómo la ley de atracción ayuda al desarrollo personal

"La oposición es parte natural de la vida. Del mismo modo que desarrollamos nuestros músculos físicos superando la oposición, como en el levantamiento de pesas, de la misma manera desarrollamos nuestros músculos del carácter superando los retos y las adversidades." Stephen R. Covey

Las leyes de atracción pueden ser cruciales cuando estás intentando entender tu personalidad y su desarrollo. Los éxitos y fracasos son parte de la vida y deberían ser tomados de la misma manera.

Lo ideal es entender todos tus fracasos como lecciones

para tu vida. Toma estos incidentes para entender tus limitaciones y las cosas que hiciste mal, e intenta no repetirlas en el futuro. Así es como puedas preparar tu camino hacia el éxito.

Winston Churchill dijo: "El éxito es aprender a ir de fracaso en fracaso sin desesperar." Y mira lo que dijo Tom Watson, Fundador de IBM: "Si quieres tener éxito, duplica tu porcentaje de fracasos."

Déjame contarte la historia real de Monty Roberts.

Cuando él era un niño, su padre iba de establo a establo, de rancho en rancho, entrenando caballos. Por esa razón, la carrera escolar del niño era constantemente interrumpida. Un día, cuando era estudiante de último año, el maestro le pidió que escribiera acerca de lo que quería ser cuando fuera grande. No dudó un minuto y escribió siete páginas sobre su objetivo de ser el dueño de un gran rancho de caballos. Escribió con muchos detalles y hasta dibujó la ubicación de los edificios, los establos e incluso un plan detallado de la que iba a ser su propia casa.

Dos días más tarde recibió su trabajo de nuevo con un gran número uno en la primera página. Después de la clase de ese día, Monty llegó con el maestro y le preguntó: "¿Por qué recibí un uno?" El maestro no tardó en responder: "Sucede que estos sueños son muy poco realistas para un chico como tú que no tiene dinero, no dispone de recursos y que viene de una familia itinerante. No hay ninguna posibilidad de que logres cumplir tan grandes objetivos algún día." A continuación, el profesor le ofreció al pequeño niño reescribir el papel con una actitud algo más realista.

El muchacho fue a su casa y le preguntó a su padre cómo debía actuar ante esta situación. El padre respondió: "Esta decisión es muy importante para ti. Así que tienes que determinarlo en tu corazón."

Después de varios días el muchacho llevó el mismo trabajo de 7 hojas a su maestro. No le hizo cambios en absoluto. Y mientras le dejaba las hojas en el escritorio, le dijo a su profesor: Quédese con su uno, yo voy a seguir mi sueño."

Ahora Monty Roberts, más conocido como "el hombre que escucha a los caballos", posee una casa de más de cuatrocientos metros cuadrados en medio de un rancho de caballos de 200 acres, y todavía tiene el papel de la escuela, que ahora está enmarcado sobre la chimenea.

Recuerda: tienes que seguir tu corazón y nunca dejar que nadie se interponga ante tus sueños.

Siempre es bueno lidiar con tus fracasos a medida que van ocurriendo. Encerrarlos dentro y llevarlos contigo donde quiera que vayas solamente hará difícil tu presente y tu futuro. Mira lo que dijo Henry Ford: "El fracaso es una gran oportunidad para empezar otra vez más inteligentemente."

Eres lo que piensas; ésta es una de las más importantes leyes de la atracción. Si siempre estás rodeado por pensamientos negativos y pesimistas, esto va a obstaculizar tu crecimiento y el desarrollo de tu personalidad.

Debajo se encuentran algunas de las cosas que necesitas considerar y buscar si estás trabajando para conseguir una personalidad positiva:

Aprende a aceptarte a ti mismo tal cual eres. Puedes tener deficiencias y limitaciones, pero todo el mundo las tiene. Si no te puedes querer a ti mismo, ¿cómo vas a querer y aceptar a otras personas?

Sin importar cuantas cosas estén yendo mal alrededor tuyo, aprende a tomar el control. En el momento en el que empiezas a sentir lástima de ti mismo, ya has perdido la mitad de la batalla.

Incluso si estás rodeado de gente que posee mucha negatividad, no dejes que eso te afecte. Intenta hacerles ver el lado bueno de la vida si es posible. Pero aprende a alejarte cuando empiecen a afectarte.

Sin importar qué tan desordenadas estén las cosas, mañana será un nuevo día y habrá un nuevo comienzo. Deja de reflexionar acerca de tus fracasos e intenta arreglar las cosas de la mejor manera que puedas.

Es importante que te establezcas objetivos. Pero asegúrate de que los objetivos sean realistas. También recompénsate a ti mismo a medida que consigas los resultados deseados.

Aprende a tener confianza en ti mismo. Si estás seguro acerca de lo que quieres, sigue adelante y consíguelo. No dejes que nada te desaliente.

Desarrollar tu personalidad significa descubrir tus debilidades y trabajar en ellas. Es de vital importancia que aprendas de tus fracasos, y que te asegures de no cometer de nuevo los mismos errores una y otra vez.

Aprende a ser bueno contigo mismo y a hacer cosas que te hacen feliz. Si eres bueno con las personas, entonces atraerás el mismo tipo de comportamiento y el mismo tipo de personas. Aprende a ser positivo y feliz, al poco tiempo verás que todo empieza a mejorar.

A continuación comparto contigo una historia que refleja dos puntos de vista diferentes, pero que tiene que ver con practicar una actitud positiva.

Dos hombres fueron encarcelados y les tocó compartir la misma celda. Estaban en las mismas condiciones, pero uno de ellos era muy infeliz, mientras que el otro se mostraba muy complacido.

-¿Por qué estás tan triste? – le preguntó el preso feliz al que estaba molesto.

-¿Y por qué no debería estarlo? Tengo pura mala suerte. Hace unas horas era un hombre libre y podía descansar en mi casa, pero ahora me toca sufrir aquí.

El hombre infeliz le preguntó al otro:

-¿Y tú, por qué estás tan contento?

- Verás, - dijo el hombre feliz - recientemente estuve en otra prisión, donde las condiciones son mucho peores, así que esto parece un hotel en comparación con lo que era el otro lugar. Muchos presos quieren llegar hasta aquí, pero yo soy el afortunado.

La enseñanza es que si de verdad quieres ser feliz, comparara tu posición actual no con lo que es mejor, sino con lo que sería peor.

"Haz lo que amas y serás feliz, y el que hace lo que ama, está benditamente condenado al éxito, que llegará cuando deba llegar, porque lo que debe ser será, y llegará naturalmente." Facundo Cabral.

4
¿Tienes una actitud positiva?
Haz la prueba

"Mi actitud es tal que, si me empujas hacia algo que piensas es una debilidad, entonces daré vuelta esa debilidad percibida y la convertiré en una fortaleza." Michael Jordan

Este capítulo presenta la más novedosa información acerca de la actitud positiva. Está diseñado para reconfirmar tu conocimiento en la materia o mejorarlo encaminando tus pensamientos acerca de la actitud positiva mediante 5 preguntas.

1. ¿Soy feliz donde me encuentro hoy?

Esta es una pregunta engañosa que carece de una

respuesta estándar, pero saber cómo lidiar con ella es crucial: porque creer que eres feliz de hecho puede aumentar tu felicidad y alegría, y darte la confianza y la actitud positiva necesarias para cualquier cosa que desees lograr. Así que no desees simplemente ser feliz, sino aparenta y cree que lo eres: disfruta y sé agradecido por las pequeñas cosas de la vida y nota la diferencia que se produce.

"La felicidad es una actitud. O nos hacemos miserables o nos sentimos felices y fuertes. La cantidad de trabajo es el mismo." Francesca Reigle.

2. ¿Soy atractivo para el sexo opuesto?

Incluso si no tienes una respuesta para esto, no debería impedirte de hacer cualquier cosa que desees. Ya sea poniéndote en forma, cambiando tu manera de vestir o peinarte, tu actitud hacia la gente o la vida; siempre hazlo como si fueras atractivo, y esta actitud te beneficiará muchísimo no solamente en tus negocios, sino en todas las áreas de tu vida.

Recuerda que no es tan importante lo que te está pasando, sino cómo reacciones ante ello. "La adversidad precede al crecimiento." Rosemarie Rossetti.

3. ¿Cuánto podría tener?

La clave aquí no es un estándar que pueda definir el

tener demasiado, o tener muy poco, sino la cuestión de qué tanto realmente lo necesitas o lo deseas. Esto se resume en preguntarte a ti mismo qué, y cuanto estás dispuesto a trabajar y sacrificar por algo que piensas que quieres. Si estás realmente dispuesto a sudar por ello sin importar qué es, trabaja hacia lo que haz establecido en tu corazón, y no te pongas límites hasta alcanzarlo.

"La gente exitosa gana dinero. No es que la gente que hace dinero se convierte en exitosa, sino que esas personas exitosas son las que atraen el dinero. Ellos traen el éxito de lo que hacen." Wayne Dyer

4. ¿Qué es lo que me motiva?

Los deseos humanos son interminables, y hay variaciones infinitas de las cosas que hacen feliz a las personas. Si no sabes lo que te apasiona o todavía no encuentras aquello que hace que tu corazón palpite más rápido, encara la vida como un servicio de buffet. Prueba todo, bocado a bocado hasta que encuentres tu plato favorito.

"La felicidad no depende de ninguna condición externa, se rige por nuestra actitud mental." Dale Carnegie

5. ¿Qué es lo que realmente te mueve?

Entender qué es lo que realmente te mueve significa no

sólo ser capaz de definir tu objetivo, sino también el camino que buscas trazar hacia el mismo. Así que identifica lo que realmente quieres y qué estás dispuesto a hacer por ello. Todo se trata de conocerte a ti mismo, conocer tus propios límites y hacer tu propio análisis de costo-beneficio, más que cualquier búsqueda profundamente filosófica.

Me encanta esta pequeña historia que encontré hace poco: Una vez un pájaro se posó sobre una rama que estaba cercana a una hermosa planta llena de flores, de la cual iban y venían abejas. Su vista reparó en una de ella, la cual estaba trabajando arduamente. Con mucho asombro el ave le preguntó a la abeja:

-Luego de tanto trabajo para hacer la miel, no te sientes mal cuando viene el hombre y te la roba?

La abeja le respondió: -Nunca... porque el hombre puede robar nuestra miel, pero nunca robará el preciado arte de hacer la miel.

"La gente exitosa está siempre buscando oportunidades para ayudar a los demás. La gente fracasada siempre se está preguntando ¿Qué hay para mí?" Brian Tracy

5

El éxito de tu negocio depende de tu actitud positiva

"Todo lo que la mente puede concebir y creer, la mente lo puede alcanzar con una actitud mental positiva." Napoleon Hill

Tu vida entera va a prosperar enormemente si construyes y si mantienes una actitud mental positiva. Incluso cuando las cosas no están yendo de acuerdo a lo planeado, tienes que recordar que no estás solo. Todos los proyectos de vida tienen sus subidas y caídas.

Esos impedimentos pueden ser fácilmente superados, y siempre puedes volver al camino si mantienes una visión positiva acerca de todo. También tendrás una confianza incrementada para contigo mismo y tus capacidades para realizar negocios.

Esta historia la compartí en mi libro "Alcance Sus Sueños", y me parece apropiada para este capítulo:

Mi amigo Claudio es una de las personas más positivas que jamás he conocido. Él siempre está de buen humor y siempre tiene algo alentador que decir.

Él era gerente de un restaurante. Si su empleado tenía un mal día, Claudio siempre le ayudaba a mirar el lado positivo de la situación.

La actitud de Claudio realmente me sorprendió. Así que un día le pregunté: "¿Cómo puedes ser tan positivo todo el tiempo?". Él me respondió: "Cada mañana me digo a mí mismo, tengo dos elecciones para este día – puedo estar de buen humor o elegir estar de mal humor. Elijo la primera opción. Y cuando sucede algo malo puedo estar triste y enojado, o puedo aprender de ello. Escojo aprender. Así elijo el lado positivo de la vida todos los días." Yo le respondí: "No es tan fácil", pero él me dijo: "Sí, lo es. La vida se trata de elecciones, tú puedes elegir cómo las personas o la situación afectará tu estado de ánimo, y por consiguiente, tu vida entera."

Una mañana como cualquier otra Claudio dejó abierta la puerta trasera del restaurante y fue asaltado por tres ladrones armados. Trató de abrir la caja fuerte, pero le temblaban las manos debido al nerviosismo y la combinación no funcionó, así que los ladrones le dispararon. Afortunadamente, Claudio fue encontrado rápidamente y llevado al hospital más cercano. Después de muchas horas de cirugía y cuidados intensivos en el hospital, finalmente fue dado de alta.

Recuerdo que le pregunté qué pasaba por su cabeza durante el robo. "Pensé que debí haber cerrado con llave la puerta de atrás", respondió. "Entonces, cuando yo estaba acostado en el suelo, me acordé de mis opciones: una opción era vivir y la otra era morir. Elegí vivir".

Le pregunté si estaba asustado. Claudio continuó: "Cuando me llevaron a la sala de emergencia y vi las caras de los médicos, realmente me asusté. Yo sabía que tenía que hacer algo. Así que cuando la enfermera me preguntó si yo era alérgico a algo, le respondí "Sí". Los médicos y enfermeras dejaron de trabajar en el acto esperando ansiosos mi respuesta. Respiré hondo y grité: "balas." Ellos empezaron a reír y luego les dije: "Mi elección es vivir, así que por favor trátenme como que estoy vivo, no muerto."

Ahora Claudio está vivo gracias a las habilidades de sus médicos, sin embargo su increíble actitud también jugó un papel muy importante ese día. Aprendí mucho de él, a que cada día debemos elegir vivir plenamente sin importar qué suceda a nuestro alrededor.

Una actitud positiva logrará que puedas hacer amistades rápidamente, te conectará con personas de influencia en tu área de trabajo, permitirá que consigas posibles clientes para tu negocio y desarrollará vínculos mucho más fuertes en tu familia. Los demás van a reaccionar positivamente hacia tu optimismo. Van a querer contratarte y recomendarte a otros. Van a querer estar contigo y conocerte mejor.

Aprender a desarrollar una actitud positiva también va a asistirte en otras áreas de tu vida. Tu salud va a ser buena: la gente positiva tiene menos miedo a los problemas cardíacos.

Aquí hay algunos consejos útiles para que puedas aplicar una actitud positiva en tu vida diaria.

* Sé agradable con los demás: Ser educado y amistoso con otras personas te hará sentirte bien acerca de ti mismo. Tendrás un día brillante y feliz. A la gente le gusta estar con personas agradables que transmiten buenas actitudes. Sin embargo, no deberías ser inocente, permitiendo que la gente te manipule solo por tu amabilidad.

* Júntate con otras personas positivas y evita a aquellos que tienen actitudes negativas: Las actitudes se influencian entre sí muy rápidamente. Si estás más tiempo con gente positiva, automáticamente te encontrarás desarrollando una actitud más optimista.

Sin embargo, las actitudes negativas pueden ser también muy infecciosas. Hay un dicho popular que dice, "A la miseria le encanta la compañía." Cuando siempre estás con un grupo de gente que se queja constantemente, automáticamente te encontrarás empezando a hacer lo mismo. Hechos insignificantes que normalmente no te molestarían, de repente podrían arruinar tu día entero.

Otra de las cosas que hace la gente negativa es vaciar tu positivismo. Todo el día cargan sobre ti sus malos comportamientos, hábitos viciados y malas actitudes. Al final del día te sentirás como si hubieras perdido toda tu energía.

Cuídate de no perder tu entusiasmo y motivación, pues puede ser muy difícil volver al camino nuevamente. Estos factores deben ser muy tenidos en cuenta, ya que pueden tener un impacto negativo en tu negocio.

* Sé Organizado y Practica la Administración eficaz del Tiempo: Si aprendes a trabajar sistemáticamente, trabajarás más rápido y te será posible completar más tareas en menor tiempo. Vas a saber exactamente lo que necesitas hacer para cumplir tus metas cada día. Harás trabajo constructivo si permaneces dentro de un sistema en vez de perder el tiempo buscando números de teléfono o direcciones de correo electrónico que has perdido.

Con respecto a esto te recomiendo que leas el capítulo 11 de mi libro "El Secreto de los Nuevos Ricos", titulado Productividad al máximo nivel, como así también la sección "Cómo crear sistemas rápidamente", del capítulo referente a la subcontratación.

* Sé Proactivo: Al momento en que eres consciente de un obstáculo que está por presentarse en tu trabajo, resuélvelo en vez de dejarlo para el último momento. Sé práctico y ten soluciones listas antes de que el problema pueda irse de las manos. Al estar por delante de los posibles impedimentos, podrás evitar retrasos innecesarios permanentemente.

* Considera Contratar a un Entrenador: Muchas personas contratan tutores hoy en día para ser exitosos en los negocios. Estos tutores son guías que te asistirán en decidir exactamente qué es lo que necesita tu negocio (o tu vida) para seguir produciendo eficientemente o para hacerlo aún más rentable. Van a establecer objetivos alcanzables y también exigirán justificaciones por acciones realizadas.

Vemos entonces que la actitud correcta y positiva es el ingrediente más importante para un negocio exitoso. Practícala y síguela diariamente. Pronto verás que te has convertido en alguien mucho más exitoso de lo que nunca hubieras concebido.

"Para generar una buena actitud es importante tener un

buen corazón, tanto como sea posible. A partir de allí, la felicidad, tanto en el corto plazo como a largo plazo vendrá tanto para usted como para los demás." Dalai Lama

6

Desarrolla la personalidad ideal para el éxito en los negocios

"En cada experiencia en la que realmente miras el miedo cara a cara, ganas fuerza, coraje y confianza. Tú eres capaz de decirte a ti mismo, "he vivido este horror. Puedo enfrentar la siguiente adversidad que me toque vivir." Debes hacer lo que piensas que no puedes hacer." Eleanor Roosevelt

Hace unos días atrás, cuando mi socio me informó acerca de esta nueva organización de publicidad y me mostró su sitio web, inmediatamente procedí a revisarlo. Mi ansiedad acabó muy pronto, porque la verdad que el sitio web era absolutamente detestable.

Definitivamente tenía fotos bonitas y un diseño ostentoso, pero el texto apenas podía ser leído o entendido. El sitio web fue diseñado meticulosamente, pero no era una página "amistosa" para el usuario.

El sitio web era patético, ya que carecía de una personalidad única. No tenía ninguna característica destacable o ese gusto que podría cautivar mi atención. Lo que habían escrito era muy poco interesante, como así también las aparentemente encantadoras fotos. ¡La escritura consistía de demasiados "Nosotros"! Al sitio le faltaba vitalidad y entusiasmo. Era demasiado perfecto como para impresionar a todos y por consiguiente no impresionaba a nadie.

La gente generalmente desea efectuar transacciones comerciales con gente en la cual confía y con la cual sienten cierta afinidad. Tienes que entender que la gente se acercará a ti sólo cuando tu personalidad los impresione. ¡No tiene sentido ocultar tu verdadera personalidad detrás del velo de ese tonto, aburrido y triste sitio web!

De acuerdo con Dan Kennedy, si eres aburrido y tedioso en tus propuestas de publicidad, entonces no llegarás a ningún lado. Nadie se va a molestar en prestar atención a lo que haces si no eres interesante. La mayoría de las personas ni siquiera van a voltear para mirar dos veces, simplemente porque ¡hay tantas cosas más para hacer en la vida, y tantas otras cosas interesantes para mirar!

Creo que a esta altura habrá algunas preguntas formando nubes en tu mente: ¿Cómo solucionaré las cosas en caso de que mi trabajo no sea apreciado o en el caso de que decepcione a posibles compradores? Bueno, probablemente éste sea el caso contigo.

En el momento en el que estás escribiendo una carta de venta demasiado acaramelada, inmediatamente deberías darte cuenta de que será extremadamente aburrida y no va a atraer a nadie. En tu trabajo de hacerla atractiva, en realidad vas a desanimar a las personas. Todo lo que has escrito no va a provocar ningún entusiasmo y por lo tanto no obtendrás ningún cliente. Las personas que lleguen a tu sitio web van a preferir a alguien que sea adecuadamente interesante.

Peter Montoya dice que una buena marca puede emocionar a las personas o similarmente rechazarlas. Por lo tanto si tu organización no resiste ante cierta multitud, entonces tampoco está atrayendo a clientes potenciales de la manera en que debiera.

Los negocios no se tratan sólo de formalidades y pronunciamientos oficiales. Esta es la manera convencional de verlos. Puedes estar un poco temeroso al principio, pero ten presente que mientras más emocionante y estimulante sea tanto el contenido como los gráficos de tu sitio web, más popular va a ser la respuesta que obtengas hacia él.

Así que, ahora entiendes que tu personalidad necesita combinarse con tu marca. Aquí es donde te preguntas a ti mismo: ¿Cómo consigo esto? Lo veremos en los capítulos que siguen. Te estaré proporcionando ciertas pistas y sugerencias a medida que sigas leyendo.

7

Manteniendo una actitud positiva

"No importa quién eres ni de dónde vienes. La posibilidad de triunfo comienza contigo. Siempre." Oprah Winfrey

Las personas exitosas son identificables por su actitud positiva dominante, la que hace parecer que no existe nada que no puedan lograr si lo quisieran, ¡ni nada que no pudieran poseer! Es una actitud positiva que separa a los exitosos de los perdedores: una energía creada por uno mismo que nos impulsa hacia el éxito, al contrario de lo que sucede con una energía que causa la derrota de uno mismo, este tipo de energía no hace otra cosa que crear problemas y provocar muchos sufrimientos en la vida.

En una ocasión, un profesor de psicología se subió al escenario, mientras enseñaba principios de manejo del estrés a un auditorio lleno de estudiantes. De pronto levantó el vaso de agua que tenía frente a él y cuando todo el mundo esperaba la clásica pregunta de si el vaso está medio lleno o medio vació, el profesor preguntó con una sonrisa en su rostro: "¿Cuánto pesa este vaso de agua que estoy sosteniendo?"

Los estudiantes gritaron respuestas que iban a partir de un par de gramos a varios kilos.

Pero el profesor, haciendo un gesto de silencio con la mano, respondió: "Desde mi perspectiva, el peso absoluto de este vaso de vidrio y su contenido no importa. Todo depende de cuánto tiempo lo sostengo. Si lo sostengo por un minuto o dos, es bastante ligero. Si lo sostengo durante una hora exacta, su peso puede hacer que mi brazo se canse un poco. Si lo sostengo por un día consecutivo, es probable que mi brazo sufra de calambres repentinos y que luego lo sienta completamente entumecido y paralizado, obligándome a soltar el vaso y que el mismo se estrelle contra el suelo. En cualquiera de todos estos casos, el peso del vaso de vidrio no cambia, pero cuanto más tiempo lo sostengo, lo voy sintiendo más y más pesado."

Al ver que toda la clase asentía mostrando estar de acuerdo, el profesor continuó: "Sus tensiones y preocupaciones de la vida son muy parecidas a este vaso de agua. Si piensan en ellas por un momento no pasa nada. Piensa en ellas un poco más y sentirás que ya te duele un poco. Piensa en ellos durante todo el día, y te sentirás completamente dormido y paralizado, incapaz de hacer nada más que dejarte caer."

La moraleja de esta historia es la siguiente: Es muy importante recordar que hay un tiempo para todo, aun para dejar de lado tus tensiones y las preocupaciones que te aquejan. Pase lo que pase durante el día, bien temprano en la noche haz el esfuerzo de poner todas tus cargas fuera de ti. No te duermas con ellas para que al día siguiente estén allí otra vez. Si todavía sientes el peso de la tensión de ayer, es una fuerte señal de que es hora de poner el vaso en la mesa.

La actitud positiva es un estado y una condición de tu mente que te permite manejar el estrés con optimismo y paciencia, promoviendo la esperanza y anulando la desesperación. Esto te permite permanecer inmutable ante los problemas, mantener tu atención y continuar perseverando sin frustración, y eventualmente superar todos los problemas.

Así que si has sido un pesimista y has estado lleno de pensamientos negativos, aquí tienes cómo deshacerte de tu problema, adoptar tus ansiadas metas y desarrollar una actitud positiva.

1. Cuando sientas cualquier síntoma de negatividad o

de pesimismo invadiendo tu mente, inmediatamente controla tus pensamientos y detente: En lugar de eso intenta imaginar y visualizar tus recuerdos favoritos, expectativas o sueños.

2. Los expertos recomiendan otro método para hacer desaparecer los pensamientos negativos de tu mente, y es un mecanismo que involucra dos etapas básicas: La primera, en la cual se desvían hacia afuera todos los pensamientos y emociones negativas, y la segunda, en la cual se permite que la negatividad se infiltre y sea superada con pensamientos y sentimientos positivos.

3. Hablarte a ti mismo y repetir afirmaciones positivas son técnicas comprobadas para desarrollar una mentalidad positiva. Así que diseña tu charla de preparación personal y tu afirmación motivacional, y haz habitual el hablar contigo mismo frecuentemente.

4. Otra manera útil es hacer carteles o notas adhesivas que lleven palabras afirmativas y positivas como por ejemplo: "puedo hacerlo", "el éxito es mío", "el objetivo está a mi alcance", etc., y colocarlos por tu casa o lugar de trabajo donde te sea posible ver los mensajes frecuentemente, durante el día y la noche.

5. Intenta que las personas altamente exitosas sean tus amigos y conocidos, y trata de pasar tiempo con ellos y conocer su enfoque. Con las amistades adecuadas es mucho más fácil que el secreto para una actitud positiva

se te adhiera.

6. Empieza a leer libros y revistas positivas de auto-ayuda, o incluso mejor, las biografías o autobiografías de tus héroes. También puedes concurrir a seminarios relevantes y talleres sobre el tema.

Recuerda que una actitud positiva sólo puede ser cultivada y mantenida por ti; se logra con un desarrollo personal que es enteramente interno, por lo que nadie te lo puede quitar. Lleva mucho tiempo, esfuerzo y dedicación, pero es un elemento eterno e invaluable.

Con respecto a esto, Ralph Waldo Emerson, dijo en cierta ocasión: "Nada externo a ti tiene ningún poder sobre ti."

Mantén una actitud positiva durante los tiempos difíciles

"Cada adversidad, cada fracaso, cada dolor lleva en sí la semilla de un beneficio igual o mayor." Napoleón Hill

A menudo hay períodos durante los cuales todo parece ir mal a pesar de los más duros esfuerzos que uno haga. Durante estos períodos, una fuerte actitud positiva ayudará a una persona a recuperar su fuerza y salir del camino escabroso fácilmente.

Nunca deberías culparte a ti mismo por cosas que

naturalmente parecen ir mal en la vida. Estos acontecimientos no pueden ser evitados. Siempre deberías recordar que el mañana trae la esperanza de un nuevo día. Por eso me encanta esta frase que leí por ahí: "No es tu APTITUD, sino tu ACTITUD, lo que determina tu ALTITUD."

La mayoría de los días parecen ser positivos para las personas, pero siempre habrá escollos cuando nada parece funcionar correctamente. Sólo sigue adelante caminando a pesar de tu día fallido, con la seguridad de que un mejor día vendrá pronto.

Siempre libérate de la angustia de hoy, y mantén fe en la anticipación que el mañana trae consigo. La mayoría de los días en la vida de una persona traen consigo resultados positivos, solo que no estamos conscientes de ellos, por eso perdemos de vista lo bueno que nos sucede en el día. Si puedes mantener una actitud positiva sin importar lo que pueda pasar, los días malos van a mantenerse a un mínimo.

Cuenta la historia de un chino que tenía un hermoso caballo, fuerte y vigoroso. Sus vecinos siempre le decían "hay que ver la suerte que tienes", a lo que él siempre les respondía: "no todo es lo que parece." En una ocasión el caballo se le escapó de su rancho y los vecinos fueron a consolarle. "Lamentamos muchísimo su desgracia", le dijeron al chino dueño del caballo. Y él les respondió: "¿Quién dice que esto es una desgracia?"

A la semana siguiente volvió el caballo, trayendo detrás de él una preciosa manada de yeguas y caballos alazanes. Los vecinos también le felicitaron por tener tanta suerte otra vez. El chino les dijo: "no todo es lo que parece."

A los dos días su hijo montó uno de los caballos y se fue a galopar por ahí, pero cayendo, se quebró una pierna. Los vecinos del chino volvieron para "consolarle", ya que su hijo quedó cojo de una pierna, pero él les dijo: "¿quién dice que esto sea una desgracia?"

Al cabo de poco tiempo hubo una guerra muy violenta en ese país, por lo que el gobierno empezó a reclutar soldados de todos los pueblos y ciudades. El primogénito de sus hijos se libró de tener que ir a pelear... por estar cojo de una pierna.

Cada vez que enfrentamos una aflicción tenemos dos caminos para tomar. Delante de nosotros hay dos decisiones: o decidimos lamentarnos y llorar o bien actuamos con una perspectiva positiva ante el mal acaecido.

Si la vida es un viaje, es muy raro que nos toque caminar en una ruta plana y derecha, donde no haya estorbos que nos impidan el paso. La vida es como una carrera de obstáculos, siempre se presentan una serie de problemas todos los días, los cuales debemos tratar de superarlos.

Lo importante es no agobiarnos con lo que está más adelante, pues si te enfocas demasiado en mirar los obstáculos que vendrán mañana, seguramente no verás el que tienes por delante hoy. Cada vez que te enfrentes a un obstáculo que te presente la vida, recuerda que puedes ver en él una oportunidad para desarrollar tu carácter y tu personalidad.

Siempre recuerda que una actitud positiva te va a ayudar a recuperarte más rápidamente en tiempos de preocupación. Algunos días malos te motivarán para tener una actitud incluso más positiva, a fin de que puedas aprender de los errores de hoy para poder vivir un mañana mejor.

La situación puede ser extremadamente difícil, pero una actitud positiva te va a ayudar a sobreponerte a la situación sin importar qué tan mala sea, y definitivamente recuperarás tu confianza y respeto por ti mismo.

Tiempos difíciles siempre aparecerán en la vida. Pero parecerán menos dificultosos cuando aprendas a ver la vida de una manera optimista. Sin importar qué tan difícil pueda parecer la vida en algún punto, una actitud positiva te va a ayudar a mantener tu mente clara, y te va a permitir pensar sostenidamente para que puedas encontrar la solución correcta.

Incluso en el trabajo, una actitud positiva te ayudará a mantener la calma y te será posible hacer todas las tareas que necesitan ser realizadas aun a pesar de que estés pasando por dificultades.

Incluso cuando estás enfermo o preocupado, una actitud positiva te ayudará a recuperarte más rápidamente. La enfermedad o la desilusión se irán más pronto. No te derrumbarás simplemente porque no te sientes muy bien. La fuerza y el aguante reales vienen de aprender a ser optimista y creer que el tiempo cambiará pronto para mejor. Ya lo dijo el sabio rey de Israel, Salomón, en el libro de Proverbios:

"No hay mejor medicina
que tener pensamientos alegres.
Cuando se pierde el ánimo,
todo el cuerpo se enferma."
(Proverbios 17.22, Traducción Lenguaje Actual)

Nadie carece de imperfecciones. Cometer errores es parte natural de la vida. Tienes que aprender de tus fallas y estar preparado para el futuro. No deberías culparte siempre a ti mismo y perder la compostura cuando algo sale mal.

Haz de esto una oportunidad positiva de aprendizaje para el futuro. Es fácil mantener una actitud positiva durante los tiempos en que no tenemos problemas. Es únicamente cuando puedes hacer lo mismo durante tiempos más duros que puedes alcanzar la felicidad y el éxito más rápidamente.

Recuerdo una frase que me quedó de una película muy conocida: ¿Para qué nos caemos? Para aprender a levantarnos.

Hay mucha gente que no sabe aprender de sus errores o de las experiencias del pasado. Si algo ha salido mal, aprende cómo puedes usarlo para que no vuelva a suceder, y si sucede, sabrás cómo actuar. Por eso Bill Gates dijo: "No te lamentes de tus errores, aprende de ellos."

"Si la vida te da un limón, prepárate una buena limonada." Dale Carnegie

8

Lo que necesitas para estar en la cima

"Las personas exitosas tienen éxito porque se forman los hábitos de hacer las cosas que a los fracasados no les gusta hacer." Albert Gray

¿Has notado una cierta forma de resplandor y aura rodeando a las personas que son exitosas y a las cuales les va bien en sus vidas?

Algunas personas tienen una habilidad particular en la cual se apoyan para su éxito, mientras que otras personas tienen un gran abanico de características adicionales que trabajan a su favor en sus vidas profesionales y demás. Es importante identificar las cosas en las cuales eres bueno, enfocarte en ellas y saber cómo usarlas en tu favor.

Especialmente en relación con tu vida profesional, es muy importante que hagas algo que realmente ames. Si no estás seguro acerca de qué es lo que realmente quieres, no tengas temor de experimentar. Mira a tu alrededor. Utiliza algo de tiempo para hacer cosas que no has hecho antes. Esto también te permitirá descubrir tus fortalezas, debilidades e intereses. Jean Paul Sartre dijo respecto a esto: "Felicidad no es hacer lo que uno quiere sino querer lo que uno hace."

Pero antes de todo lo demás, necesitas identificar lo que el éxito significa para ti. Hablando a grandes rasgos, hay dos ámbitos en los cuales las personas buscan ser exitosas; personal (relacionado a las amistades y la familia) y profesional (relacionado al área de trabajo). Algunas habilidades sin embargo son útiles para estos dos ámbitos.

Como ya vimos anteriormente, es importante cómo reaccionas y actúas de acuerdo a las emociones. Es importante mantener tu tranquilidad en todo tipo de situaciones que involucran estrés. La gente que mantiene la calma es más propensa a tomar decisiones lógicas, y por lo tanto, tomar el control.

Los fracasos son parte de la vida. Aprende a llevarlos contigo mientras recorres tu camino. Es ideal el aprender de tus errores. La clave para el éxito es que deberías parar de tener miedo al fracaso. Si tienes una meta en mente, tienes que ser persistente. No te rindas, nunca lo hagas.

Tienes que ser innovador y pensar fuera de los esquemas preestablecidos. Cuando estés enfrentado un problema, mantén tu tranquilidad y piensa acerca de todas las posibles formas mediante las cuales enfrentarlo.

En mi libro "Secretos del Pensamiento Innovador" (Que puedes conseguir gratis en esta editorial o como una aplicación para tu teléfono móvil con sistema operativo Android) comparto varias maneras de desarrollar la creatividad en esta área y utilizar mapas mentales, entre otros.

Algunas de ella son tomarte un tiempo para escribir tus pensamientos o cualquier cosa que se te ocurra en el momento, aprender cómo tocar un instrumento musical, jugar con niños y participar en el armado de sus historias creativas.

Todas estas actividades, aunque incómodas al principio, pueden ayudarte a que dejes de lado lo que ya sabes en cuanto al tema y así darle lugar a la creatividad. También pueden estimular un pensamiento innovador más concreto y coherente, ayudarte a asociar ideas nuevas y diferentes con las que ya conoces, te permitirán combinar elementos insólitos y llegar a conclusiones impensadas anteriormente.

No le tengas miedo al temor. Tal vez sientas miedo de hacer cosas nuevas y aceptar nuevos desafíos. Tal vez te sientas inseguro de forzarte a ti mismo hacia nuevos horizontes. Esto lo único que hace es limitar tu éxito. Usa ese miedo de una manera constructiva. La curiosidad puede haber matado al gato, pero es buena para ti.

Haz preguntas cuando no estés seguro acerca de lo que está sucediendo. Es importante para ti el tener una visión clara de los acontecimientos incluso antes de que puedas identificar el problema y eventualmente enfrentarlo.

Si quieres ser exitoso, necesitas aprender a tener una paciencia que esté en un nivel a prueba de mareos. Tienes que querer aprender de las personas que te rodean y mantener una mente abierta. No tengas miedo de hacer cosas nuevas y pensar más allá de las estructuras convencionales.

Personalmente creo que la manera de ser creativo en cualquier área es innovar, y eso se logra haciendo cosas que nunca antes hemos hecho, probando cosas que nunca antes habíamos probado. Por eso Albert Einstein definió la locura como hacer lo mismo y esperar un resultado diferente.

¡Anímate a lo desconocido!

9

Características de una personalidad dinámica

"Nuestro tiempo es limitado, así que no lo desperdicies viviendo la vida de alguien distinto." Steve Jobs

La actitud correcta no sólo define quién eres, sino también tu posición y éxito en la vida. Es por eso que todos los dueños de negocios de alta gama son aquellos que han sido en sus vidas no solamente habilidosos física, mental y socialmente, sino que tenían la actitud correcta con respecto a la naturaleza del éxito, los logros y la necesidad de conseguir algo en la vida.

Algunas de las cualidades principales de un hombre

exitoso están listadas a continuación para que puedas examinarlas.

1. Los poderosos necesitan logros — Esta cualidad no representa el marcador de puntaje cuantitativo de éxitos de un empresario acerca de cuanto ha hecho. Tampoco se trata solamente de obtener popularidad mediante el éxito. Es la necesidad básica de hacer algo en la vida que valga la pena para uno mismo, y para ganar respeto en los ojos de los demás.

2. Perseverancia — Recibir la inspiración, sin importar qué tan vaga sea, y luchar por ella para ver el resultado final es una de las principales características de una historia de éxito. Este punto de vista del nunca-admitas-la-derrota y sé-siempre-determinado es el sello más característico que marca a una personalidad dinámica.

3. Actitud mental positiva — No hay nada que hable más del éxito en una persona que su mentalidad positiva. Todas las personas exitosas tienen que resistir a través de tiempos difíciles y desafíos inesperados, y esos son los períodos en los cuales el optimismo los lleva adelante.

4. Objetividad — Conocerse a uno mismo, conocer sus debilidades y seguir adelante de acuerdo a ello sin verse afectado emocionalmente es también una cualidad que debe estar presente en una persona exitosa. Esto no

sólo le dará la capacidad de evaluar los pros y contras de una determinada acción con respecto a algún asunto, sino que también le permitirá apoyar o descartar un proyecto de acuerdo a sus cualidades, sin involucrarse personalmente.

5. Previsión — Cualquier persona exitosa debe tener el don de la visión. Esta visión no se refiere a la visión espiritual o divina, sino al don de la predicción y la previsión. Esta cualidad, si es poseída, permite a la persona estar siempre en guardia y atento a todas las ocurrencias que tienen que ver con los negocios. Yoritomo-Tashi, un filósofo japonés del siglo XII, muy reconocido y admirado por su pueblo, en su libro "Cómo influir en las personas", también de esta editorial, dijo sobre esto: "La principal condición para tomar decisiones que no dejen amargura a su paso es la previsión de los eventos que ella podría generar."

6. Habilidades para las relaciones personales bien desarrolladas— No eres nada sin tus clientes y colegas en cualquier iniciativa de negocios. Es por eso que ser una persona sociable, sin demasiado involucramiento, es algo absolutamente vital para cualquier hombre de negocios.

7. Fuertes habilidades comunicacionales — Tienes ideas y necesitas expresarlas a otros para convertirlas en una realidad. Es por eso que la habilidad para expresarse con confianza, ya sea de manera escrita u

oral es extremadamente importante.

8. Inventiva — La habilidad instintiva para preveer problemas y resolverlos, aunque sea de una clase desconocida, es también una cualidad que poseen los hombres exitosos. Alude a la capacidad para estar consciente y tomar inspiración del ambiente para lidiar con la cuestión.

9. Conocimiento Técnico — El saber cómo hacer las cosas en tu campo de acción, ya sea en un aspecto técnico u económico, es extremadamente importante para un hombre de negocios, ya que esto le permitirá estar un paso adelante en todas las situaciones y lidiar con los posibles problemas de una manera completa.

10. Una actitud respetuosa con respecto al dinero — La capacidad para no medir al éxito por el dinero, sino con el propósito de realizar algo de valor, es muy importante. Esto asegura que el hombre exitoso sigue siendo algo más que un mercenario al final del día, y que todavía aprecie el valor del trabajo duro y la diligencia.

De cada una de estas características se podría escribir y hablar mucho, pero necesitamos ponerlas en práctica. Acerca de la perseverancia, me gusta mucho lo que escribe Yoritomo-Tashi en su libro antes mencionado:

"La perseverancia nunca debe disminuir en su intensidad; la vuelta atrás no está permitida para aquellos que expandan el camino para que lo sigan sus discípulos, y no podemos dejar de repetir que: es mediante el poder del esfuerzo personal y la aplicación, que las más brillantes y sólidas reputaciones son formadas.

Es la actividad incesante sobre ti mismo la recompensa por tu esfuerzo. El camino que elijas tomar tal vez no te lleve hacia donde deseabas dirigirte, pero probablemente te llevará hacia un lugar mejor. Y a causa de tu caminata te convertirás en un mejor caminante, y esto será debido al impulso que necesitaste para ser capaz de mantener tu objetivo en mente, y eso es tener éxito. La voluntad sin perseverancia y sin metódica no podría existir."

Así que aquí, en pocas palabras, se encuentran las cualidades que convierten a un hombre en una historia de éxito viviente… ¿Tienes lo que se necesita para crear tu propia historia?

10

Aprende a enfrentar las críticas

"Uno está tan expuesto a la crítica como a la gripe."
Friedrich Dürrenmatt (1921-1990) Escritor suizo.

Todo el mundo seguramente ha enfrentado algún tipo de crítica en algún momento de sus vidas. Nadie en su sano juicio consideraría a las críticas como algo divertido. Al contrario, pueden resultar ser algo bastante desalentador. Debes mantener una actitud mental muy positiva cuando se trata de enfrentar las críticas. Al hacer esto debes ser consciente de la existencia de dos áreas vitales de las cuales surgen todas las formas de crítica.

Aquellos que realmente creen en ti y quieren ayudarte

Este es el tipo de crítica que normalmente lastima más. A nadie le gusta el hecho de ser criticado por las personas a quienes uno más ama o respeta.

Sin embargo uno debe mantener sus intenciones en mente. Si alguien es realmente cercano a ti y quiere que te vaya bien, no debería hablarte dulcemente cuando cometes errores. Generalmente cuando las personas más allegadas a ti te critican, es de manera constructiva, y debes prestar atención a ello, y si sientes que responde a tus intereses entonces sigue sus sugerencias y haz los ajustes que puedan recomendarte.

Aquellos que no responden a tus intereses en esencia

Este tipo de crítica puede sorprenderte o cegarte. Comúnmente proviene de las personas a las que nunca consideraste importantes o nunca supiste que seguían tan de cerca tu vida.

Aunque de vez en cuando estas críticas traen resultados, la mayoría de las veces es mejor no prestar ningún tipo de atención acerca de lo que tienen que decir. Incluso si estás en lo correcto y haciendo algo positivo y genial, va a haber gente aproximándose a criticar tu trabajo.

Al examinar los dos ejemplos mencionados anteriormente, ten en mente que tu actitud no debería ser afectada por las críticas bajo ninguna circunstancia. Mantener una actitud positiva constante es bastante similar a cuando llueve afuera. Sólo porque esté lloviendo afuera no quiere decir que tengas que permanecer sentado en el cuarto.

Más bien te pones un impermeable o tomas un paraguas y sales hacia fuera sin importar cuánto llueva. De la misma manera, si las críticas empiezan a caer como lluvia sobre ti, no dejes que eso te detenga el lograr cualquier objetivo que te hayas planteado en tu vida.

"¡Cómo! ¿Nada de crítica? No. El genio es una entidad como la naturaleza, y quiere, como ésta, ser aceptado pura y simplemente. Una montaña se toma o se deja. ¡Hay gente que hace la crítica del Himalaya piedra por piedra! Todo en el genio tiene su razón de ser. Es porque es. Su nombre es el reverso de su luz. Su fuego es una consecuencia de su llama. Su precipicio es la condición de su altura." Víctor Hugo (1802-1885). Novelista francés.

Debes mantener una perspectiva positiva. Mantener esta actitud positiva te ayudará a mantener las críticas fuera de tu vida.

11

Diferentes estilos de personalidad entre gerentes y líderes

"El liderazgo es la capacidad de transformar la visión en realidad." Warren Bennis

Los gerentes y líderes cumplen dos funciones distintas y separadas dentro de cualquier organización. Por ello es importante mantener en mente las diferencias requeridas en los estilos de personalidad de estos dos oficios.

El propósito principal de un gerente es asegurar el funcionamiento apropiado de los procesos administrativos en una organización y por lo tanto maximizar su rendimiento productivo.

Se requiere que un gerente mantenga la estabilidad, disciplina y control en la organización, y que resuelva los problemas atendiendo a la estructura operacional, los recursos, los objetivos y los beneficios de los empleados.

Los gerentes por lo tanto tienden a fundamentar sus decisiones más bien en las necesidades urgentes e inmediatas del día más que en metas y objetivos de largo plazo.

Ya que necesariamente deben poner atención en los estados actuales de las actividades, sus decisiones frecuentemente pueden parecer restringidas; pero también les es posible mirar su trabajo como un proceso que permite hacer, más que uno que simplemente está diseñado para el control de daños. Por lo tanto, a su manera, los gerentes son buenos a la hora de establecer estrategias a corto plazo, negociando compromisos y mediando conflictos.

Pueden tomar decisiones valiosas en cuanto a la gestión del personal y generar ideas para organizar y balancear personas con diferentes puntos de vista.

Los líderes, por otra parte, son generalmente concebidos como individuos exitosos pero solitarios. Han conseguido amaestrarse a ellos mismos y por lo tanto pueden controlar mejor a los demás, creando una visión para ellos que impulsa su trabajo con valor y dirección.

Los líderes son, por tanto, considerados como imaginativos, fervientes y propensos a tomar riesgos; son percibidos como personas proactivas para promover sus ideas en vez de simplemente reaccionar ante la situación actual.

Arrojan nueva luz sobre problemas que existen desde hace mucho tiempo y están comprometidos a desarrollar sus ideas y soluciones. De manera similar, los líderes son también considerados como poseedores de la capacidad para relacionarse con las personas de maneras intuitivas y empáticas, y llenarlas de entusiasmo por sus ideas. Por eso David Gergen, un comentarista político estadounidense y ex asesor presidencial que sirvió durante las administraciones de Richard Nixon, Gerald Ford, Ronald Reagan y Bill Clinton, dijo en algún momento: "La función de un líder es elevar las aspiraciones de las personas y liberar sus energías para que traten de realizarlas."

En consecuencia, un líder tiende a ser una nueva llegada a la organización, alguien que ha sido traído por su visión, atrevimiento e innovación, pero que no necesariamente tiene la experiencia de la prudencia mundana para implementar el movimiento del cambio.

Así que mientras un líder es alguien que instintivamente

puede crear seguidores entre los empleados y unirlos bajo un fin común, un gerente tiene que trabajar de manera lenta y segura cuesta arriba y buscar autoridad basado en su enraizado y probado puesto en la compañía. Un gerente tiene que ganarse su posición mediante un servicio largo y confiable, desarrollando también habilidades organizacionales efectivas basadas en un claro entendimiento acerca de cómo funciona cada nivel de organización.

Por lo tanto, gerentes y líderes toman distintas formas de enfrentar sus objetivos. Mientras que el líder utiliza la pasión para generar emoción, el gerente usa un método más racional y formal. Pero sin importar estas diferencias, los líderes y gerentes exitosos ambos deben buscar motivar e involucrar a sus trabajadores.

Si pueden hacer que un empleado crea que es apreciado y respetado, y que representa una parte significativa de la organización, es mucho más fácil inspirarlo y descubrir su potencial.

Por eso es vital que los gerentes y líderes involucren a sus trabajadores en el proceso de tomar decisiones e informarles acerca de cualquier cambio relacionado a su puesto. Además, es importante que los gerentes y líderes permanezcan disponibles y accesibles a los trabajadores, y que muestren interés genuino en sus necesidades.

Todo esto genera un sentido de seguridad y pertenencia en los trabajadores, haciendo que quieran trabajar más duro y contribuir al éxito total de la organización.

"El éxito y en último término, la supervivencia de cualquier empresa, grande o pequeña, depende de su aptitud para perfeccionar a los hombres." Malcom P. McNair (1894-1985). Profesor en la Harvard Business School y pionero en tendencias de marketing.

12

¿Tienes una personalidad como para innovar?

"Nunca andes por el camino trazado, pues él te conducirá únicamente a donde otros ya fueron." Alexander Graham Bell

La diferencia entre un generador de ideas y un innovador exitoso reside en la capacidad de este último para emprender lo que es conocido como "pensamiento caleidoscópico." El primer paso hacia la creación de una cultura dentro de la organización que favorece el fomento de la innovación es identificar a los empleados que poseen el don de pensar de manera caleidoscópica.

A continuación te mostraré nueve rasgos que te permitirán identificar al innovador entre tu gente:

* La curiosidad es el componente básico en la innovación, lo que hace que la persona se cuestione el status quo, busque nuevos enfoques y explicaciones e idee nuevas soluciones y persiga nuevas posibilidades. Sin limitarse a sí mismos en cuanto al aspecto superficial de las cosas, exploran y profundizan, imaginando alternativas, como así también nuevos paradigmas.

* Toma de riesgos y pensamiento crítico. Tener una mentalidad curiosa e imaginativa no lo hace a uno un innovador. Es necesario tomar riesgos y ser capaz de reconocer posibilidades reales de fracaso. Nuestra experiencia con una gran cantidad de clientes que están evaluando la fuerza de sucesión de su liderazgo ha revelado que muchos gerentes experimentados que han tenido que trabajar cuesta arriba adquieren aversión a tomar riesgos mientras mayor sea su participación.

* Capacidad de Recuperación y Auto-Control. Es necesario que una cultura impulsada por la innovación claramente reconozca y construya sus cimientos alrededor del hecho de que muchos intentos de innovación se pueden encontrar en el fracaso. Muchos gerentes simplemente no pueden digerir esa idea, e intentan negar cualquier riesgo que esté involucrado en el procedimiento, buscando una garantía del 95% de

que la idea propuesta realmente va a triunfar. Esto en realidad elimina la innovación más de lo que puede promoverla.

* Habilidades Interpersonales. Grandes proyectos innovadores frecuentemente fracasan debido a la falla para coordinar y comunicarse en torno a la idea. Esto sucede cuando el cargo organizativo yace en las manos de los mejores técnicos en vez de en las manos de los mejores líderes. Estos gerentes orientados de manera técnica asumen que la idea innovadora va a generar interés y motivación por sí misma, y cuando realmente tratan de comunicarla no intentan adaptar su lenguaje a las percepciones de su audiencia, lo que los deja perplejos y sin dirección.

* Trabajo en Conjunto. La innovación requiere de la colaboración mutua y el trabajo en equipo. Esta no es una tarea específica a los proyectos, sino un aspecto espontáneo y continuo de la ética de trabajo. Las mejores innovaciones provienen de una lluvia de ideas colectivas y un enfoque coordinado.

* Resolver Problemas y Evolucionar Continuamente. Un último elemento clave es la capacidad para manejar la complejidad y adaptarla de manera acorde sin gastar tiempo en demasía. Es esencial poder seguir el ritmo de los constantes cambios y dinámicas de los mercados y el desafío de la competencia. La innovación es incompleta si no es capaz de alcanzar y superar a la

competencia, o si las contingencias alejan a los proyectos de su senda ideal.

Evaluar el grado de preparación real para el cambio y las condiciones favorables existentes para la innovación en tu organización es absolutamente necesario antes de que puedas declarar a tu empresa como una que es impulsada por la innovación.

Si no posees a la gente apropiada y el entorno adecuado para poner en práctica tu plan de negocios, tu visión innovadora seguirá siendo un sueño.

"El único que cuenta es el innovador, el que disiente, el que proclama cosas que nadie ha oído antes, el hombre que rechaza los estándares tradicionales y busca sustituir los viejos valores e ideas por otros." Ludwig Von Mises (1881 – 1973). Filósofo y economista ucraniano.

13
Realiza una revisión diaria de tu actitud

"Ten la actitud de un estudiante, nunca se es demasiado grande para hacer preguntas, nunca se sabe demasiado como para aprender algo nuevo." Og Mandino

Es una buena idea mantener un control sobre tu actitud frecuentemente. Ciertos tipos de actitud deben ser controlados, tenidos en cuenta y corregidos, ya que de otra manera se convertirían en nuestra filosofía, lo cual sería muy peligroso. Veamos algunos problemas comunes de actitud.

Ira

La ira es una versión distorsionada de uno mismo y de nuestra actitud.

La arrogancia hace que uno se vuelva sordo a los sentimientos de las demás personas, de sus ideas u observaciones. La arrogancia es una apariencia de lo que nos falta: confianza verdadera. La confianza verdadera te acerca a las demás personas, mientras que la arrogancia te aleja de ellas.

Solución: Dios te ha dado tres dones maravillosos: apreciación, confianza y humildad. Practícalos y llegarás muy lejos.

El Sabelotodo

Esta es una persona que tiene respuestas para todo y está lista para hablar de ello por tiempos prolongados. En mi casa lo llamamos Zapata: "Si no la gana, la empata." Es decir, para todo tiene una respuesta, aún si no sabe del tema.

Puede ser difícil entrenar o enseñar a los sabelodoto. Cualquier relacionamiento con este tipo de persona, ya sea un amigo, compañero de trabajo o pareja es bastante difícil. Ignorancia es lo que obtienes si eres tal tipo de persona.

Solución: Intenta desarrollar un sentido de la curiosidad

por el mundo y su funcionamiento. Aprende a decir "No lo sé" y a partir de ahí busca respuestas.

Rechazo a la Responsabilidad

Si no tomas responsabilidad por tus acciones, entonces tienes un problema moral o emocional. Si no tomamos responsabilidad, el poder de cambiar las cosas también ha sido perdido. Culpar a otros les da, a este tipo de personas, el poder de cambiar las cosas a su manera limitada de ver el mundo y erradica sus habilidades para resolver problemas.

Solución: Cuando te encuentres en problemas, hazte las siguientes tres preguntas:

¿Qué puedo hacer?

¿Qué puedo leer acerca de esto y aprender más?

¿A quién podría consultarle según su experiencia?

El síndrome todo sobre mí

Este es simplemente el egoísmo personificado. Hay una gran diferencia entre la preocupación personal, lo que significa preocuparse por uno mismo, y el ser egoísta, que se traduce como yo antes que nadie y al diablo con los demás.

Normalmente los niños muestran este tipo de

comportamiento porque es natural durante el desarrollo de su personalidad. Crecer significa darse cuenta de que no somos el centro del universo.

Yoritomo-Tashi lo puso de esta manera: "El torpe egoísmo solamente puede tomar resoluciones que no tienen ningún fundamento en la rectitud, y por lo tanto, tarde o temprano surgirán arrepentimientos por los actos que inevitablemente ocurren tras la toma de la decisión, y la concatenación de los eventos futuros se convertirá en el castigo para aquel que ha omitido las leyes de respeto al prójimo."

Solución: Mantén un equilibrio entre preocuparte por ti mismo y tomar en cuenta la vida y las emociones de las demás personas.

La influencia en los demás

Es muy fácil no darse cuenta de la influencia que ejercemos sobre los demás. Si te encuentras en alguna forma de relación afectiva (ya sea si eres hijo, padre, amante o simplemente amigo), lo que haces directamente afecta a la gente alrededor tuyo. No sólo tus acciones, sino también tus pensamientos y palabras los afecta.

Solución: Fíjate en cómo las decisiones de otras personas te han afectado. Entonces reflexiona acerca de cómo tus acciones podrían haber afectado a los demás.

Durante el primer mes de carrera universitaria, el profesor dio a sus estudiantes un examen sorpresa. Marcos era un estudiante muy aplicado, así que no le tomó más de 15 minutos completar todas las preguntas. Hasta que llegó a la última. Se detuvo y la repasó nuevamente: "¿Cuál es el primer nombre de la mujer que limpia el hall de entrada todos los días?"

Seguramente esto era una especie de broma, pensó el nuevo estudiante. Había visto a la mujer de la limpieza varias veces. Era alta, de cabello oscuro y de unos 50 años, pero ¿cómo iba a saber su nombre? Marcos terminó el examen y lo entregó, dejando la última pregunta en blanco.

Justo antes de que terminara la clase, un estudiante preguntó si la última pregunta contaría para la nota del examen. "Absolutamente", dijo el profesor. "En sus carreras profesionales se encontrarán con muchas personas. Todos son significantes. Cada uno de ellos merece su atención y cuidado, incluso si todo lo que hacen es sonreír y decir un simple "hola." Marcos nunca olvidó esa lección. También aprendió que el nombre de la mujer era Marta.

Cada una de las personas que te rodea tiene mucha importancia. Y puedes hacer la diferencia aunque pases por sus vidas aunque sea por unos segundos.

Cómo deshacerse de la Timidez

"Mientras el tímido reflexiona, el valiente va, triunfa y vuelve."
Proverbio Griego

La timidez no es una discapacidad, pero sí obstaculiza el crecimiento de tu personalidad a largo plazo. Edme P. Beauchene, (1780 – 1830), escritor y médico francés, lo expresa de esta forma: "La timidez se compone del deseo de agradar y del temor de no conseguirlo." Para algunos es un indicio de falta de confianza en uno mismo, mientras que para otros representa la creencia de que nunca podrán lograr lo que se han propuesto en la vida, así que simplemente se cuestionan ¿para qué intentarlo?

En otras palabras, ambos son indicios de una mentalidad derrotista. Por eso Moliere dijo en una ocasión: "La timidez es la desconfianza del amor propio, que deseando agradar teme no conseguirlo." Yoritomo-Tashi lo dijo así: "Uno de los más grandes obstáculos para hacer lo que deseas en la vida es la timidez basada en el miedo a la responsabilidad, lo cual espanta a las mentes mediocres."

En vez de simplemente sentir envidia por la gracia y el encanto de tu vecino por su comportamiento en eventos públicos, elimina esa timidez e intenta ser no el alma de la fiesta, sino el alma de alguien más. No necesitas animar a todos los presentes. Basta con que te acerques a una persona o a un grupo reducido de dos o tres para intercambiar unas cuantas palabras. Solamente sigue conscientemente los pasos que te daré a continuación y mírate a ti mismo saliendo detrás de esa coraza de inseguridad. Y un último consejo: nunca te rindas, no dejes de intentarlo jamás.

Aventúrate

¡Vive una vida diferente de una vez por todas! Si eres una persona tímida promedio, seguramente pasas tus días lejos de la compañía de los demás, dentro de tu apartamento. Yo creo que por algo estás leyendo este libro, ahora es el momento de dejar de lado ese estilo de vida enfermizo. Intenta salir y conocer gente nueva. Recuerda que conocer gente nueva te permite ampliar tu mente y por lo tanto, podrás aprender cada día más, lo que enriquecerá tu vida en todas sus áreas.

Desarrolla el lenguaje corporal correcto

La manera en que te comportas en eventos públicos, tu postura, tu lenguaje corporal, tu sonrisa y forma de hablar son todos signos de tu timidez. Cruzar tus brazos hacia el frente sin sonreír es una señal distintiva de que no estás cómodo ni dispuesto a iniciar una charla. Así que cuando te encuentres en una fiesta, asegúrate de que caminas por ahí, sonríe, conversa y más que nada: relájate y diviértete.

Dale una oportunidad a esas clases de desarrollo personal

¿Piensas que nunca tendrás lo necesario para sentirte confiado y ser atrevido? Puedes probar con algunas clases de desarrollo personal para darte el empujón que necesitas. Muchos de estos cursos se dictan gratuitamente en universidades públicas, y otros son organizados por grupos de empresarios. Estas clases no sólo te ayudarán a relacionarte con los demás, sino que también te enseñarán a comportarte y manifestar la actitud correcta en eventos públicos. A fin de cuentas, te verás beneficiado por tu inversión en estas lecciones.

Sigue intentando

Nada en la vida se consigue al instante; de manera similar, superar tu timidez no es algo que sucederá mágicamente en un día. Así que no te rindas. Hay muchas maneras de superar tu timidez, y no todas ellas funcionarán para ti.

Así que sigue dándoles a todas ellas una oportunidad para ver cuál se ajusta mejor a tus necesidades. Recuerda que ninguna cantidad de guías o libros de autoayuda pueden auxiliarte si no estás convencido de que puedes hacerlo. Así que, adelante con la actitud de "¡mientras hay vida hay esperanza!" y sigue intentando deshacerte de tu timidez sin importar qué tan desastroso sea tu primer intento.

Te animo para que lo intentes. Las primeras veces no te será fácil, lo sé, pero recuerda que al poner en práctica estos consejos siempre estarás más cerca de la persona que quieres llegar a ser. Así que adelante, haz buen uso de estas indicaciones, conduce una vida socialmente más activa y verás cómo te hará sentir mucho más confiado acerca de ti mismo.

"El éxito no se mide por lo que haces comparado con lo que hacen los demás; se mide por lo que haces con las habilidades que Dios te dio." – Zig Ziglar

Estimado Lector

Nos interesa mucho sus comentarios y opiniones sobre esta obra. Por favor ayúdenos comentando sobre este libro. Puede hacerlo dejando una reseña en la tienda donde lo ha adquirido.

Puede también escribirnos por correo electrónico a la dirección info@editorialimagen.com

Si desea más libros como éste puedes visitar el sitio de **Editorialimagen.com** para ver los nuevos títulos disponibles y aprovechar los descuentos y precios especiales que publicamos cada semana.

Allí mismo puede contactarnos directamente si tiene dudas, preguntas o cualquier sugerencia. ¡Esperamos saber de usted!

Más libros de interés

El Arte De Resolver Problemas - Cómo Prepararse Mentalmente Para Lidiar Con Los Obstáculos Cotidianos

Todos tenemos problemas, todos los días, desde una pinchadura de llanta, pasando por una computadora que no enciende a la mañana o las bajas calificaciones de un hijo en el colegio. Sin embargo, debe prestar atención a sus capacidades para ser cada vez más y más efectivo.

Alcance Sus Sueños - Descubra pasos prácticos y sencillos para lograr lo que hasta ahora no ha podido

¿Anhela usted el verdadero éxito en la vida y desea llegar a todas sus metas?

Este libro ha sido escrito con el propósito de ayudarle a alcanzar aquellas metas que todavía no ha logrado y animarle a seguir luchando por aquellos sueños que está persiguiendo.

Cómo Hablar en Público Sin Temor - Estrategias prácticas para crear un discurso efectivo

Hablar en público, en especial delante de multitudes, generalmente se percibe como la experiencia más estresante que se pueda imaginar. Las estrategias de oratoria presentadas en este libro están diseñadas para ayudarte a transmitir cualquier idea y mensaje ya sea a una persona o a un grupo de gente.

Cómo influir en las personas

Aprende cómo ejercer una influencia dominante sobre los demás. Un manuscrito descubierto recientemente enseña técnicas de control mental novedosas, provenientes de un estadista oriental antiguo.

Si realmente apuntas a la grandeza, riqueza y éxito en todas las áreas de tu vida, DEBES aprender cómo utilizar la influencia dominante sobre otros.

Lean Manufacturing En Español - Cómo eliminar desperdicios e incrementar ganancias, Descubre cómo implementar el Método Toyota exitosamente

En este libro hallarás una gran variedad de consejos e historias reales de casos exitosos, incluyendo información reveladora y crucial que muchas empresas ya han puesto en práctica para agilizar sus procesos de producción y lograr la mejora continua.

Cómo multiplicar tu dinero y alcanzar la prosperidad - Descubre cómo se relaciona la gente con el dinero y supera las creencias limitadas que te impiden generar riqueza

Si no te puedes imaginar que sea posible ganar 10 veces más que tu ingreso actual, entonces ya te has puesto en tu cabeza un límite financiero. Si no puedes imaginarte que eres capaz de conseguir un ascenso, entonces ya has creado en tu cabeza un límite para tu carrera. Y podemos continuar. Con el tiempo has incorporado en tu mente una serie de límites y creencias.

Cómo Utilizar Las Palabras Para Vender - Descubre el poder de la persuasión aplicado a las ventas online (Serie Marketing)

¿Por qué tu competencia vende el triple si ofrece el mismo producto que tú ofreces, en las mismas condiciones y al mismo precio? ¡Tal Vez No Estés Utilizando Las Palabras Adecuadas!

La Ciencia de Hacerse Rico – Como atraer el éxito para ganar dinero

Este libro es un manual práctico, no un tratado sobre teorías. Está diseñado para el hombre y la mujer que tienen como mayor necesidad el dinero, que quieren hacerse ricos primero, y filosofar después. Cada hombre o mujer que haga esto se hará rico, porque la ciencia aquí aplicada es una ciencia exacta y su fracaso es imposible.

Cómo influir en las personas

Aprende cómo ejercer una influencia dominante sobre los demás. Un manuscrito descubierto recientemente enseña técnicas de control mental novedosas, provenientes de un estadista oriental antiguo.

Si realmente apuntas a la grandeza, riqueza y éxito en todas las áreas de tu vida, DEBES aprender cómo utilizar la influencia dominante sobre otros.

Lean Manufacturing En Español
- Cómo eliminar desperdicios e incrementar ganancias, Descubre cómo implementar el Método Toyota exitosamente

En este libro hallarás una gran variedad de consejos e historias reales de casos exitosos, incluyendo información reveladora y crucial que muchas empresas ya han puesto en práctica para agilizar sus procesos de producción y lograr la mejora continua.

www.ingramcontent.com/pod-product-compliance
Ingram Content Group UK Ltd.
Pitfield, Milton Keynes, MK11 3LW, UK
UKHW022221230426
12048UKWH00016BA/995